Marion Weigl/Christine Kopp-Kölbl

Schreibschrift lernen

mit dem Drachen *Fumi*

Arbeitsheft

Ein Schreibschriftlehrgang für
die 1. und 2. Jahrgangsstufe

Vereinfachte Ausgangsschrift

Ernst Klett Verlag
Stuttgart · Leipzig

Noch ein paar Tipps zum richtigen Schreiben:

Du sitzt auf der Sitzfläche deines Stuhls, nicht auf der Stuhlkante.
Deine Füße stehen auf dem Boden.
Beide Arme liegen auf dem Tisch auf, bis kurz vor dem Ellenbogen.
Den richtigen Abstand zwischen Augen und Heft kannst du messen.

Zum Schreiben kannst du das Heft leicht drehen.
Rechtshänder schreiben bergauf, Linkshänder schreiben bergab.

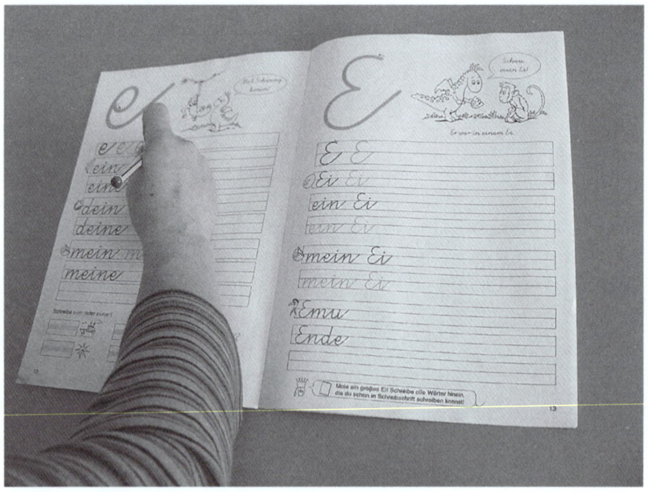

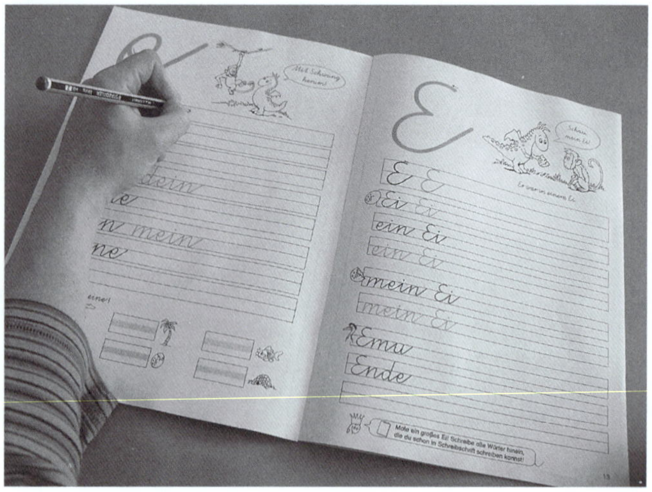

Daumen, Mittel- und Zeigefinger halten den Stift.
Der Zeigefinger liegt fast gestreckt und locker auf dem Stift.

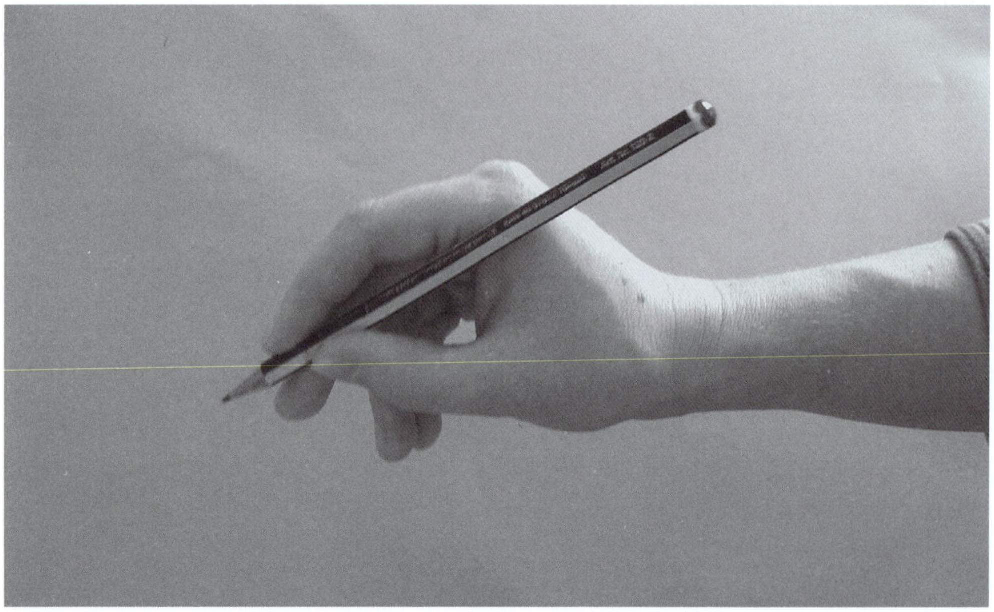

Halte den Stift locker!
Tipp: Dein Partner sollte dir den Stift aus der Hand ziehen können!
Probiert es doch einfach einmal aus.

Hier wohnt Fumi

Tauch ab in die Meereswelt und schau mal, wie es dir gefällt.
Du kannst spuren wellig und rund, vielleicht wird dein Bild auch bunt!

Spure bunt nach. Vervollständige.

Zick und zack, auf und ab, hörst du schon, wie es knackt? Es ist das Ei. Es schwimmt herbei. Was wird wohl darin sein?

Alle Kinder kennen sie,
probieren sie gerne aus.
Fragen sich: „Wie geht sie, wie?
Kommt, holt die Stifte raus!“

Schwungvoll schreiben wir nun los
und hören nicht mehr auf.
Buchstaben, so schräg und groß,
hinunter und hinauf.

Flott und flüssig schreiben wir,
so wie die großen Leute.
Die *Schreibschrift* lernen wollen wir –
womit beginnen wir denn heute?

ui ui ui

Oh, da schwimmt ein Ei herbei!

u u

u

i i

i

ui ui

iu iu

Mein schönster Buchstabe

Welchen Buchstaben hast du am schönsten geschrieben?
Du darfst ihn bunt einrahmen.

i u i u

n n

Huh, eine Welle!

n n

n

in in

in

nun nun

nun

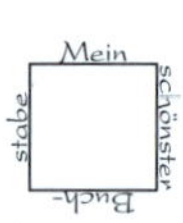

... für deinen schönsten Buchstaben!

Schreibe n, in, nun groß auf den Block.
Spure mit verschiedenen Stiften nach.

m

Wer ruft denn da: Mi, mi?

m m

m

im im

im

um um

um

Welche Wörter kannst du schon schreiben?

Übe die Wörter jeweils eine Zeile lang auf dem Block.

a

Wer ist das?

a a

a

an an

an

am am

am

Kannst du das vielleicht schon lesen?

Fumi ist ein kleiner, grüner Drache. In seinem Ei schwamm er viele, viele Tage auf dem großen Meer. Eines Tages wurde er von einer Welle erfasst. So landete er ...

d

Was ist da auf der Insel?

d d

da da

du du

und und

da

du

dann

und

Dein schönster Buchstabe?

Schreibe in Schreibschrift und übe je eine Zeile lang:
an, am, um, da, im, und, nimm, nun, in.

Du kannst „e“ auch so schreiben: *e*.

↗ Übung S. 46

e

e e e

ein ein

eine

dein dein

deine

mein mein

meine

Welcher Artikel passt: *ein* – *eine*?

E

Er war in einem Ei.

E E

Ei Ei

ein Ei

ein Ei

mein Ei

mein Ei

Emu

Ende

Male ein großes Ei. Schreibe alle Wörter hinein, die du schon in Schreibschrift schreiben kannst.

w i n m e E a d

Das kannst du schon!

1. Setze ein: *mein / meine* oder *dein / deine*.

2. Setze *und* ein.

3. *Eu* oder *eu*? Trage ein.

4. Entdeckst du die Wörter? Spure in verschiedenen Farben nach. 

neuEimereineneindeinnimmdannEnde

Suche selbst Paare (wie in Nr. 2).
Male Bilder und schreibe *und* dazu.

M O

Wo ist Fumis Mama?

M M M

Mama

Mami

Mund

Mann

Male <u>deine</u> Mama!

O O

Oma

Omi

Schreibe oder male einen Brief für deine Mama.

L l

Fumi trifft das Lama Lilli.

L L L

Lama

Land

Leine

l l l

malen

alle

Eule

Lilli

Aus welchem Land kommt das Lama? Was frisst das Lama?
Schau in Büchern oder im Internet nach.

R K

Reitet Fumi auf dem Kamel?

R R R

Rudi

Rad

Rand

K K K

Kind

Kamel

Kleid

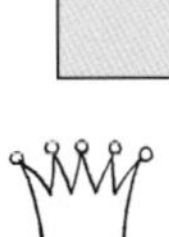

Übe die Buchstaben und Wörter auf dem Block.

S s

Die Sonne scheint.
Fumi liegt im Sand.

S S S

Sand

See

Seil

s s s

es

uns

das

Eis

Schreibe die Wörter in Schreibschrift auf. Übe sie eine Zeile lang:
aus, Maus, Laus, Sonne, Samen, summen, sollen, müssen

Du kannst das „Verbindungs-s“ auch so schreiben: s.

↗ Übung S. 47

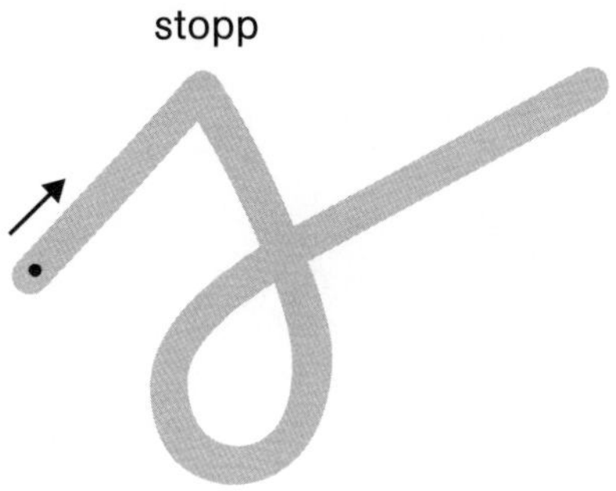

„Komm und summ herum!“

s s s

ss

sie

sind

leise

lesen

essen

müssen

sollen

Wer ist da? Schreibe die Sätze in dein Übungsheft (S. 14).

Kim und Emil sind da.

Du kannst „t“ auch so schreiben: t.

Übung S. 48

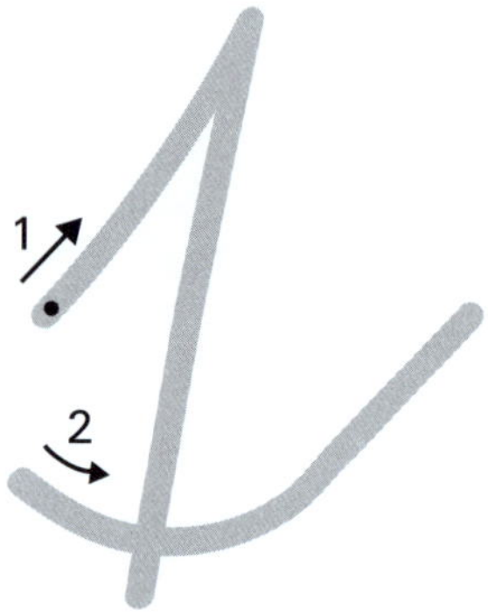

Fumi sieht ein Schiff.

t t t

tut

mit

ist

isst

Stein

Stunde

Leute

Welche Wörter findet ihr in Fumis Schatzkiste?

Schreibe 20 dieser Wörter auf deinen Block.

Übe die gefundenen Wörter je eine Zeile lang.

o r

„Sprung und hoch und rundherum!"

o o o

so

also

r r r

er

der

dir

rot

oder

Euro

Stern

Suche weitere Wörter mit o und r und schreibe auf.

D B P

Fumi steckt seinen Brief in eine Flasche ...

D D

Dose

B B

Baum

P P

Post

Bilde sinnvolle Aussagesätze und schreibe sie in dein Übungsheft (S. 21).

Der Pulli	ist leise.	Die Sau	ist rund.
Der Mond	ist rot.	Das Seil	ist rau.
Die Maus	ist rund.	Die Dose	ist rosa.

Schreibe selbst Sätze.

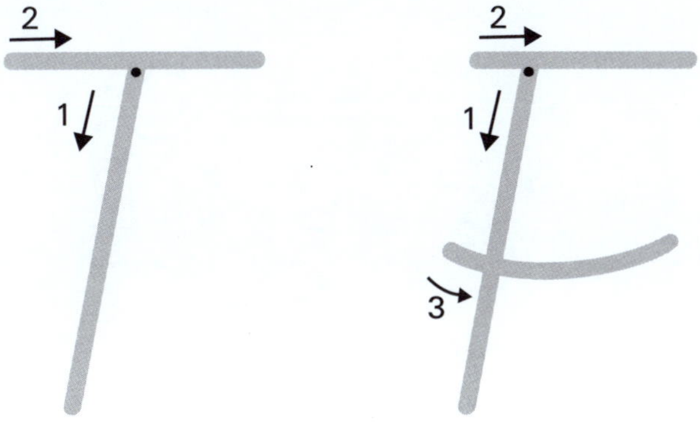

Fumi trifft Tina.

T T T

Tina

Tante

Tier

F F

Fumi

Freund

Frau

Füller

Schreibe die Sätze in Schreibschrift in dein Übungsheft (S. 22).

Fumi und Tina sind Freunde. Fumi malt Tina ein Bild. Sie nimmt es. Sie stellt es an das Fenster. Dann essen beide eine Torte. Da ist roter Tee. Sind Freunde nett?

Wer sind deine Freunde?
Kannst du ihre Namen schon in Schreibschrift schreiben?

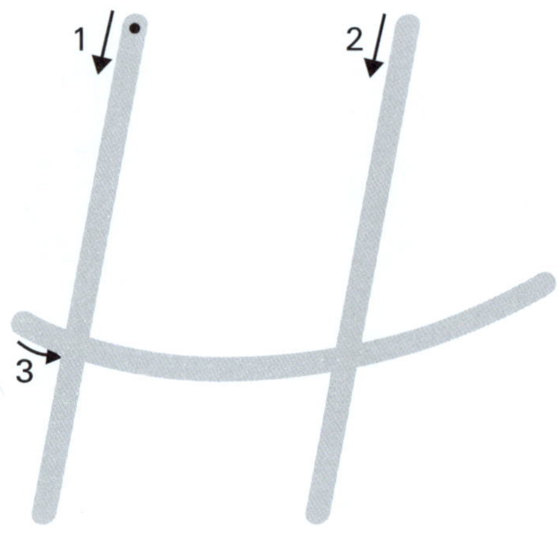

Tina hat einen Hund.

H H H

Hai

Haie

Haus

Häuser

Hand

Hände

Hut

Hüte

Hund

Hunde

Schreibe die Nomen mit Artikel.

der Hai, …

h ch

Der Drache Fumi schläft.

h h

ch

hat

Kuh

ich

dich

leicht

hoch

Licht

Bilde Sätze und schreibe sie in dein Übungsheft (S. 24).

Fumi	sucht	den Knochen.
Der Hund		die Karotte.
Der Hase		den Schuh.
Die Frau		seine Eltern.

Der Herr	sucht	seine Schuhe.
Die Lehrerin		ihre Schere.
Tina		das Buch.
Micha		die Schule.

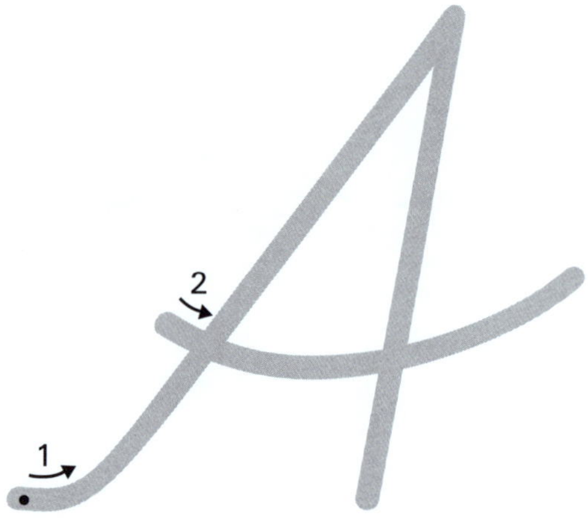

Anna fällt vom Ast.

A A

Schreibe Einzahl und Mehrzahl.

Ast

Äste

Arm

Auto

 Ergänze die Sätze. Schreibe sie in dein Übungsheft (S. 27).

Anna ist eine ______. Mama hat ein rotes ______.

Der ______ ist im Ärmel. Der Baum hat ______.

Der ______ hat Krallen. Die ______ ist eine Muschel.

Auster – Adler – Äste – Arm – Auto – Ameise

Schreibe die Nomen in Einzahl und Mehrzahl mit Artikel.

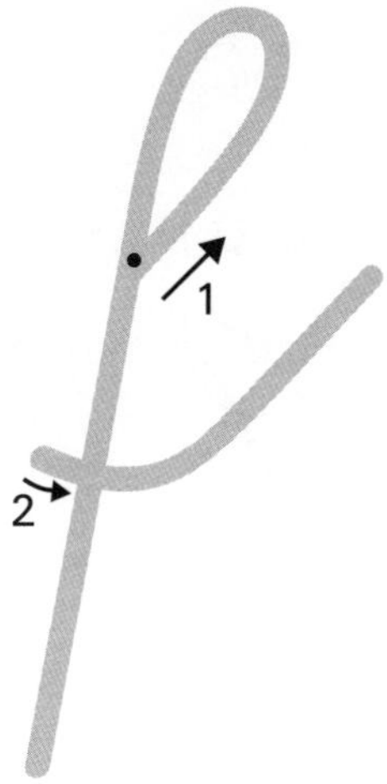

Fumi macht Feuer.

f f f

für

fünf

fein

auf

elf

Pferd

Seife

Setze die Purzelsätze richtig zusammen und schreibe sie in Schreibschrift auf. Setze am Satzende einen Punkt.

1. Pferd Das schnell läuft sehr
2. Stiften seinen Kind Das malt mit
3. meine Alle Freunde hier sind heute

k ck

Oh, ich habe einen dicken Zeh!

k k k

ck ck

krank

kalt

klein

dick

Rock

Beuge das Verb.

Ich	trinke	Milch.	Das Kind		Milch.
Du		Milch.	Wir		Milch.
Fumi		Milch.	Ihr		Milch.
Tina		Milch.	Die Kinder		Milch.

U

U U

Uhr

Uhu

Uli

Ufo

Uno

Unke

U-Boot

U-Bahn

Spiel doch mal wieder UNO.

b

Hilfst du Fumi dabei?

b b b

bin

bei

Bub

aber

üben

lieb

Setze passende Farbwörter ein.
Schreibe dann die Sätze in dein Übungsheft (S. 35).

Der Himmel ist ______. Die Farben sind ______.

Die Erde ist ______. Die Bären sind ______.

Der Mund ist ______. Die Beeren sind ______.

Die Sau ist ______. Die Blumen sind ______.

bunt – braun – rot – rosa – blau

G g

Drachen fliegen gut.

G G

Gras

Gräser

g g

gelb

grün

Sind die Dinge grün oder gelb?
Schreibe passende Sätze in dein Übungsheft (S. 37).

Welche grünen oder gelben Dinge kennst du noch?

Ich will weg von der Insel!

J J J

Insel

Igel

Iglu

Setze passende Wörter ein.
Schreibe die Sätze dann in dein Übungsheft (S. 38).

Ich kann gut ______.

Ich mag gerne ______.

Ich esse oft ______.

Ich mache immer ______.

Ich lache über ______.

Ich singe gerne ______.

Ich freue mich auf ______.

Schreibe einen Steckbrief über dich
und male dich selbst dazu.

p pf

Fumi sucht seinen Papa.

p p p

Papa

Opa

sprechen

spricht

spielen

spielt

✎ Setze das Verb „spielen“ in der passenden Form ein.

Ich		mit Mama.	Wir		im Hof.
Du		mit Puppen.	Ihr		schon.
Fumi		mit Anna.	Sie		gerne.

Ich spreche SCHP, aber schreibe Sp/sp.

N

Es ist Nacht. Fumi hat Angst.

N N N

Nacht

Nächte

Name

Nase

Nadel

Nebel

Kennst du Wörter mit N?

N

Schreibe die Geschichte in Schreibschrift in dein Übungsheft (S. 40).

Es ist Nacht. Fumi hat Angst. Er hört Schritte.
Das muss ein Monster sein! Kommt es näher?
Es ruft: „Hallo, ich bin ein Nashorn. Mein Name ist Nele.“

Was könnte noch passieren?
Schreibe weiter.

V W

Vogel Willi zeigt den Weg.

V V V

Vogel

Vater

Vase

W W

Wind

Wiese

Winter

Wasser

Weg

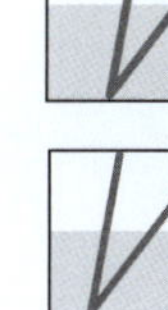

Findet Fumi seine Eltern? Schreibe auf.

J j

Juhu! Da sind meine Eltern.

J J J

Juni

Juli

Jahr

Junge

j j

ja

jede

jeder

Was erzählt Fumi wohl seinen Eltern? Schreibe es auf.

Du kannst „z“ auch so schreiben: *z*.

↗ Übung S. 49

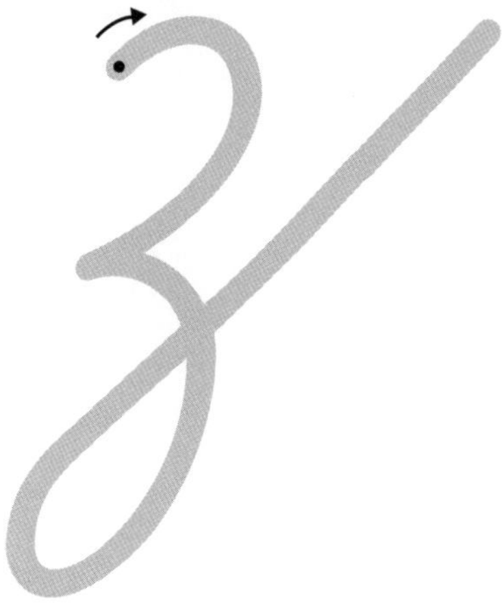

Jetzt sind wir wieder zusammen!

z z z

zu

zum

zur

zehn

zählen

Salz

Pizza

Pflanze

Wurzel

Übe alle Wörter mit z eine Zeile lang.
Schreibe die Wörter auch in Silben.

rz tz

Fumis Herz pocht...

rz rz rz

Herz

Wurzel

tz tz tz

Satz

Katze

sitzen

Schreibe die Wörter in Silben: spritzen, sitzen, Katzen, Sätze, Plätze, Witze.

sprit-zen,

Welche Wörter mit rz, tz findest du noch?

v w

Fumi will viel wissen.

v v v

vor

von

viel

vier

w w

wer

wie

was

wieso

weshalb

warum

Übe in Schreibschrift je eine Zeile:
November – versuchen – vier – Mittwoch – Schwester – antworten – wir – weil – weiter – wohnen – warten – bewegen – schwarz.

C c

Ich bin deine Schwester Crissi.

C C C

c c c

Cent

Comic

Clown

Computer

Schreibe passende Sätze.

Was könnten Fumi und Crissi zusammen tun?
Schreibe auf.

Y y

Fumi bekommt einen Teddy.

Y Y Y

Yak

Yeti

y y y

Teddy

Baby

Schreibe und male, was Fumi träumt.

Y

Python Cowboy Yeti Hobby

Schreibe Sätze mit vielen Yy-Wörtern.

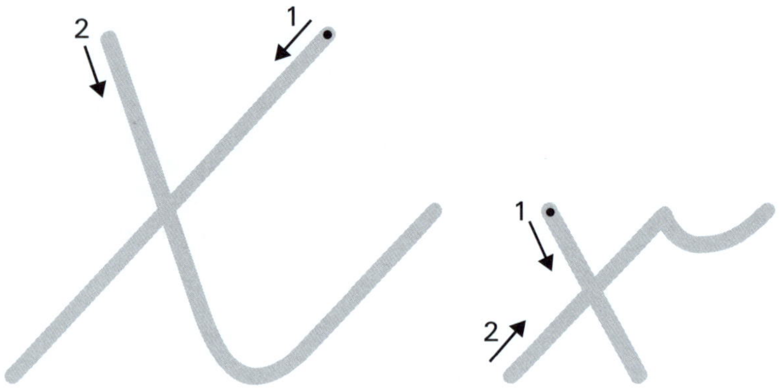

Kennst du die Hexe Xenia?

X X X

Xenia

x x x

Hexe

Taxi

Mixer

Lexikon

Schreibe passende Sätze.

Hexe Xenia hext eine

Hex, hex! Schreibe eine Hexengeschichte.

Z

Zackzerack und allerlei,
ich zaubere … herbei.

Z Z Z

Zeit

Zeiten

Zahl

Zahlen

Zahn

Zähne

Zauberer Zackzerack zaubert.

10

Kennst du Zaubersprüche? Schreibe sie auf.

Qu qu

1 2 1 2

Kreuz und quer
über das Land ...

Qu Qu

Quark

Quadrat

Quelle

qu qu

quer

quaken

bequem

Setze Wörter mit Qu qu ein. Male dazu.

Du kannst das „Verbindungs-ß“ auch so schreiben: ß.

↗ Übung S. 50

Die Freude ist sehr groß.

ß ß

süß

heiß

weiß

groß

Fuß

Füße

Ich heiße:

Setze die passenden Wörter ein: heiß – weiß – groß – süß.

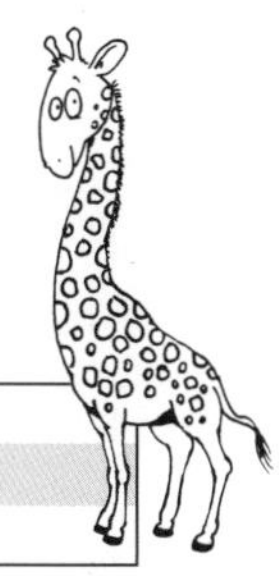

Schreibe zu den Bildern Sätze.

alternativ:

e

e

ein

eine

dein

deine

mein

meine

Welcher Artikel passt: *ein* – *eine*?

alternativ:

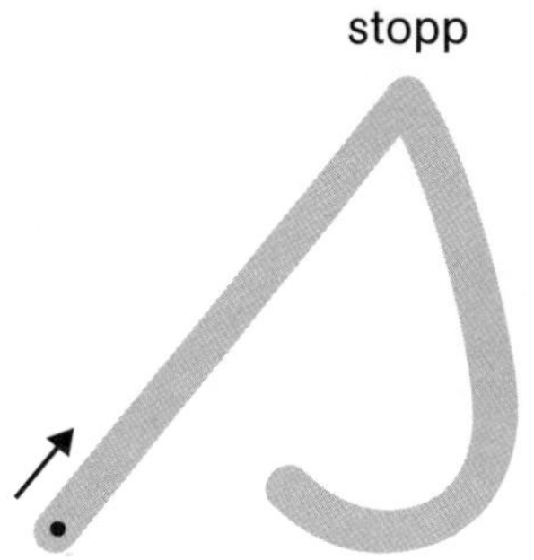

„Komm und summ herum!"

s

ss

sie

sind

leise

lesen

essen

müssen

sollen

Wer ist da? Schreibe die Sätze in dein Übungsheft (S. 14).

Mia Emil

Kim und Emil sind da.

Leni Lea

Rudi Lisa Luis Emma Kim Luise Maik Kai Elias Lenni Lars Susi

alternativ:

t

Fumi sieht ein Schiff.

t t t

tut

mit

ist

isst

Stein

Stunde

Leute

Welche Wörter findet ihr in Fumis Schatzkiste?

Schreibe 20 dieser Wörter auf deinen Block.

Übe die gefundenen Wörter je eine Zeile lang.

alternativ:

Z

Jetzt sind wir wieder zusammen!

Z Z Z

zu

zum

zur

zehn

zählen

Salz

Pizza

Pflanze

Wurzel

Übe alle Wörter mit Z eine Zeile lang!

alternativ:

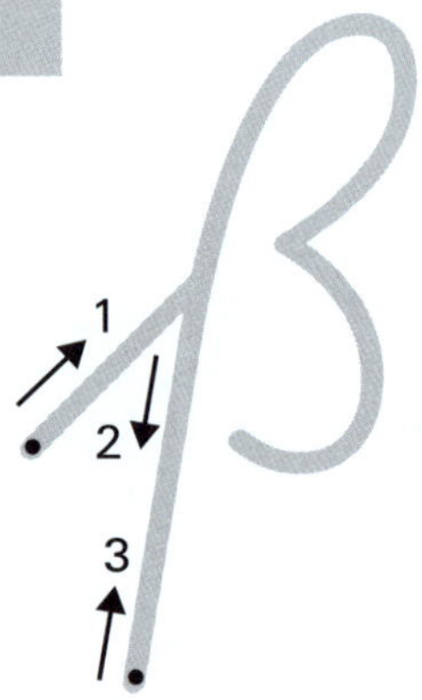

Die Freude ist sehr groß.

ß ß

süß

süße

weiß

weiße

groß

große

heiß

heiße

Beschreibe die Nomen mit passenden Adjektiven.

Marion Weigl/Christine Kopp-Kölbl

Schreibschrift lernen

mit dem Drachen *Fumi*

Übungsheft

Ein Schreibschriftlehrgang
für die 1. und 2. Jahrgangsstufe

Vereinfachte Ausgangsschrift

Ernst Klett Verlag
Stuttgart · Leipzig

Vereinfachte Ausgangsschrift

a b c d e/e f g

h i j k l m n o p

q(u) r s ß t/t u v w

x y z/z

A B C D E F G

H I J K L M N O P

Q(u) R S T U V W

X Y Z

. ! ? , : „ " –

u u u

u

u u

u

ü

i i

i

i

u i u i

ui ui

iu

n n n

n n

n

in in

nun

m m

m m

m

im im

um

nimm

a a

a a

ä

an an

am

d d

d

da da

du

und

dann

alternativ S. 53

e

e e

e e

ein

eine

nein

neu

neun

Welcher Artikel passt: ein oder eine?

Schreibe in Schreibschrift.

i	u	d	e	m	n	ä	ü
i							

die

neu

nein

Diese Wörter kannst du auch schon schreiben:

du

um

und

dem

den

denn

dann

E

E E

E

Ei

Emu

Ende

Eid

Finde die Eier!
Male sie bunt aus und schreibe das Wort Ei hinein.

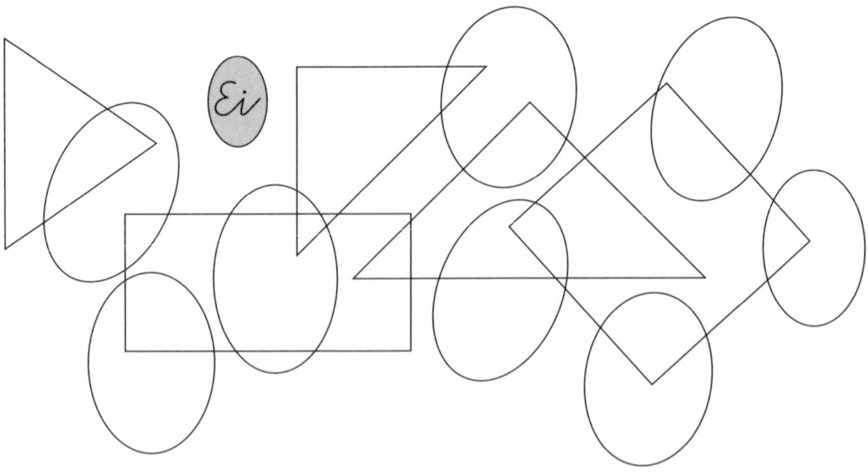

M M

M

Mai

Mama

Mann

Mund

O O

O

Oma

Omi

Ll

L L

L

Lama

Land

Leine

l l

l

alle

malen

Esel

Lilli

R R

R

Rad

Rind

K K

K

Kind

Schreibe das richtige Wort in Schreibschrift unter das Bild.

Kanne – Kamel – Rind – Kind – Rad – Kleid

S s

S S

S

Sand

See

Seil

s s

es

eins

als

aus

Maus

alternativ S. 54

s

s s

ss

sie

sind

Klasse

Setze das Verb in die richtige Form.

ich lese — wir

lesen

ich — wir

malen

ich — wir

essen

ich — wir

müssen

zu AH S. 19

Kim und Emil sind da.

Rudi

Wer könnte noch da sein? Setze selbst Namen ein.

alternativ S. 55

T T

T

ist

laut

alt

Ente

Setze ein: ist oder sind?

Fumi [ ] ein kleiner Drache.

Auf der Insel [ ] viele Tiere.

Der Affe [ ] ein Freund.

Auch das Lama und das Kamel [ ] da.

Fumi fragt: „Wo [ ] meine Mama?“

Achtung: „ist“ oder „isst“?

Schreibe die Sätze in Schreibschrift.

Fumi ist da!

Emma ist eine Ente.

Lisa isst ein Eis.

Mama isst Reis.

Eine Maus ist im Sand.

Lilli isst einen Lolli.

o o

ö

so

Sonne 

Mond 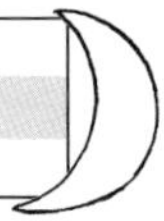

r r

r

rot 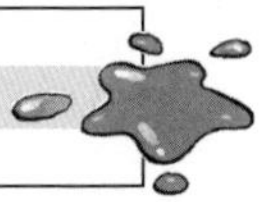

oder

rund 

Verben haben eine Grundform: -en.

malen

essen

müssen

sollen

reden

reisen

Diese Verben kann man beugen:

ich → wir

ich → wir

ich → wir

ich → wir

ich → wir

ich → wir

Nomen haben einen Artikel.

Setze ein: *der*, *die* oder *das*.

	Sonne		Mond
	Erde		Ei
	Kind		Eule
	Sand		Kleid
	Maus		Ente
	Stunde		Eltern
	Krone		Mund
	Oma		Eis
	Land		Euro
	Sommer		Mutter

Schreibe die Wörter mit Artikel auf den Block.
Findest du noch mehr Nomen?

B

B B

B

Baum 

Bäume

Bild 

Bilder

Biene 

Bienen

Blume 

Blumen

Bruder 

Brüder

Der Pulli

Schreibe Einzahl und Mehrzahl der Nomen mit dem passenden Artikel.

→ Biene: *die Biene, die Bienen*

→ Blume

→ Baum

→ Bruder

Schreibe auch diese Wörter in Einzahl und Mehrzahl mit Artikel:
Ball – Blatt – Rad – Land – Mann – Rand.

TF
zu AH
S. 23

Fumi und Tina

Fumi

Schreibe die Nomen in Einzahl und Mehrzahl mit Artikel.

Hund – Hut – Hase – Haus – Hand – Hose – Hals –
Haut – Hemd – Hai

der Hund, die Hunde

ch
zu AH
S. 25

Fumi sucht seine Eltern.

Erkennst du die Wörter? Schreibe jedes Wort eine Zeile lang.

Schere Tasche Tisch Schule

schauen scheinen

schneiden schreien schnell schön

Schere

Ich spreche SCHT, aber schreibe St / st!

Schreibe das passende Wort unter das Bild.

Stirn – Stein – still – Strich – Stern – Stunde

Schreibe Sätze mit St/st-Wörtern.

Anna ist

A
zu AH
S. 26

A

Schreibe viele sinnvolle Sätze.

Anna	ist	ein
Ali	malt	eine
Andi	hat	einen
	liest	

Anna ist eine Ameise.

Wandle nun deine Sätze in Fragesätze um.
Malt Anna ein Bild?

f

f f

f

laufen

läuft

schlafen

schläft

Setze die Verben in die richtige Form.

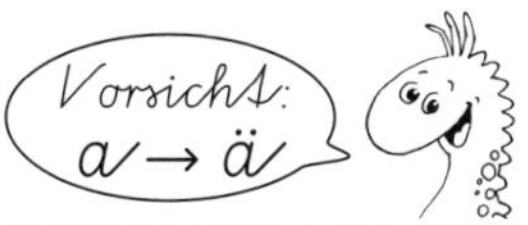

ich ____________ → er ____________

fahren

ich ____________ → er ____________

fallen

ich ____________ → er ____________

halten

ich ____________ → er ____________

schlafen

f Schreibe die Sätze in Schreibschrift.

Fumi freut sich sehr. Er macht nun Feuer.

Das Feuer ist hell. Alle Freunde laufen schnell heran.

Auch der Affe Ali ist hier.

Da feiern sie ein schönes Fest.

Fumi

k k

ck

krank

kalt

klein

dick

dunkel

Onkel

Verbinde richtig und schreibe die Sätze auf den Block.

Die Maus	ist dunkel.
Das Kind	ist klein.
Das Eis	ist krank.
Die Höhle	ist kalt.

k ck ch

Lies und spure alle *ch* und *ck* bunt nach.

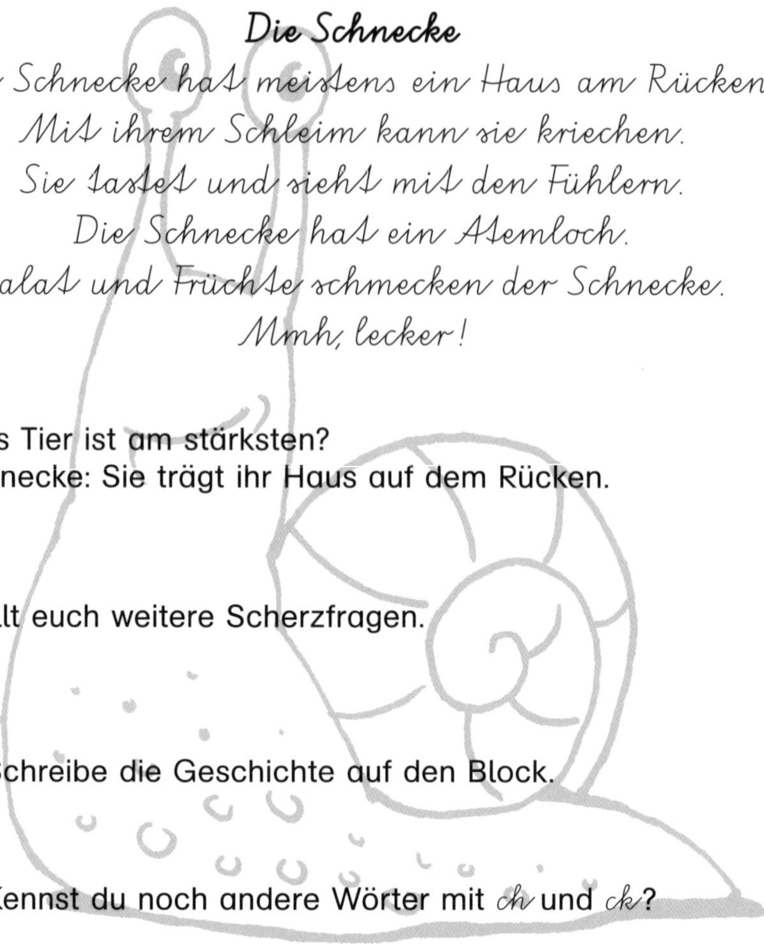

Die Schnecke

Eine Schnecke hat meistens ein Haus am Rücken.
Mit ihrem Schleim kann sie kriechen.
Sie tastet und sieht mit den Fühlern.
Die Schnecke hat ein Atemloch.
Salat und Früchte schmecken der Schnecke.
Mmh, lecker!

Welches Tier ist am stärksten?
Die Schnecke: Sie trägt ihr Haus auf dem Rücken.

Stellt euch weitere Scherzfragen.

Schreibe die Geschichte auf den Block.

Kennst du noch andere Wörter mit *ch* und *ck*?

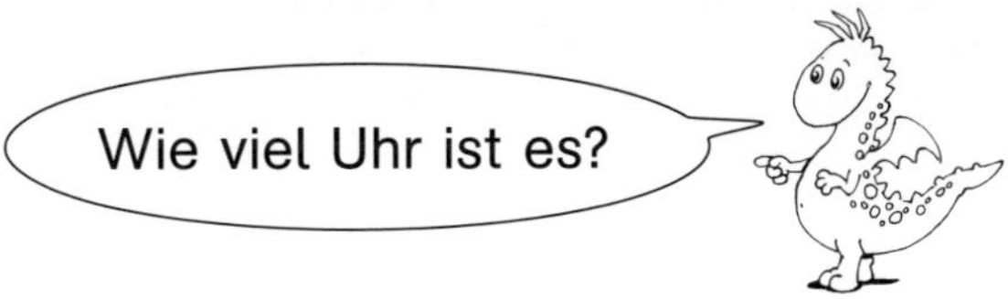

Es ist ein Uhr.

elf achts sechs drei ein

fünf neun null

b

b b

baden

bauen

leben

lieben

Setze die Verben in der richtigen Form ein.

Der Drache Fumi ______ auf
leben

einer Insel. Dort ______ er viele
haben

Freunde. Mit ihnen ______ Fumi
bauen

eine Höhle. Jeder ______ mit.
arbeiten

Alle ______ gerne im Meer.
baden

Fumi ______ das Leben.
lieben

Male den Farbklecks in der jeweils passenden Farbe an.

Der Himmel

Gg

G G

Garten

Gärten

g g

eng

Tag

Welcher Tag ist heute?

Montag – Dienstag – Mittwoch – Donnerstag – Freitag – Samstag – Sonntag

Heute ist ________, morgen ________
Montag

Heute ist ________, morgen ________
Dienstag

Heute ist ________, morgen ________
Samstag

Heute ist ________, morgen ________
Samstag

Heute ist ________, morgen ________
Montag

Was hast du am Wochenende gemacht?
Schreibe drei Sätze.

Die Sonne

Farbwörter zu AH S. 31

J
zu AH S. 32

Ich kann

p p

Puppe

Papier

Sport

Ampel

Apfel

Kopf

Kannst du die Rätsel lösen?
Schreibe die Lösungsworte in Schreibschrift.

Darauf schreibst du gerade.

Jeder Mensch hat einen.

Es ist ein Obst mit Kernhaus.

Kinder spielen damit.

Bei Grün darf man gehen.

Dazu gehen Kinder in die Turnhalle.

N
zu AH
S. 34

Es ist Nacht.

Fumi ist ganz durcheinander.
Welche Fragen hat er? Schreibe Fragesätze.

meine sind Eltern wo

Wo

ist wer Vater mein

Mama wann ich finde meine

Woche ist lange wie eine

Winter wann der kommt

richtig Weg welcher ist

Wasser wie über komme das ich

Jj

J J

Juni

Juli

Jahr

Januar

Junge

j j

ja

jede

jeder

jedes

Spure J grün, j blau nach.

Fumis Eltern erzählen:

„Es ist jetzt sieben Jahre her.
Es war Januar. Auf der Insel tobte
ein heftiger Sturm.
Jeder hatte Angst.
Schnell liefen alle in die Höhle.
Auf einmal kam eine riesige Welle.
Plötzlich war unser Ei weg.
Wir haben es jeden Tag gesucht.
Was ist nur aus unserem Kind
geworden? Doch jetzt können
wir endlich jubeln. Unser Junge ist
wieder da!“

alternativ S. 56

Verben

Bilde passende Sätze.

Ich pflanze einen Baum.

Du

Er

Wir

Ihr

Sie

Ich sitze im Gras.

Du

Er

Wir

Ihr

Sie

Setze das Verb auch bei diesem Satz
in die richtige Form:
Ich zeige dir einen Käfer.

Wer will was? Setze *wollen* in der richtigen Form ein.

Ich ________ einen Füller. Ihr ________ Pause.

Wir ________ Ferien. Fumi ________ fliegen.

Du ________ Spagetti. Sie ________ spielen.

Jeder wünscht sich etwas.
Setze *wünschen* in der richtigen Form ein.

Ich ________ mir ein Auto.

Wir ________ uns Ferien.

Du ________ dir ein Spiel.

Ihr ________ euch Freunde.

Er ________ sich ein Haus.

Sie ________ sich Glück.

Alle wollen Fumi helfen.
Setze *versuchen* in der richtigen Form ein.

Ich ________ es. Wir ________ es.

Du ________ es. Ihr ________ es.

Er ________ es. Sie ________ es.

Schreibe in Schreibschrift.

Das Jahr

Das Jahr hat 12 Monate:
Januar, Februar, März, April, Mai, Juni, Juli,
August, September, Oktober, November, Dezember.

Im   habe ich Geburtstag.

Kennst du auch die Jahreszeiten?

C C

Cent

Comic

Computer

China

Christkind

c c

cool

Was findest du cool?

Yy

Y Y

Yak

Yeti

Ypsilon

y y

Teddy

Hobby

Python

Baby

Cowboy

Pony

X X

Xenia

Xaver

Xylofon

x x

Hexe

Taxi

Mixer

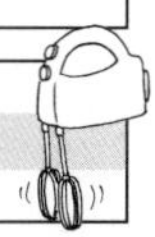

Boxer

Axt

Lexikon

Z Z

Zeit

Zahl

Zahn

Zähne

Zehe

Zug

Ziege

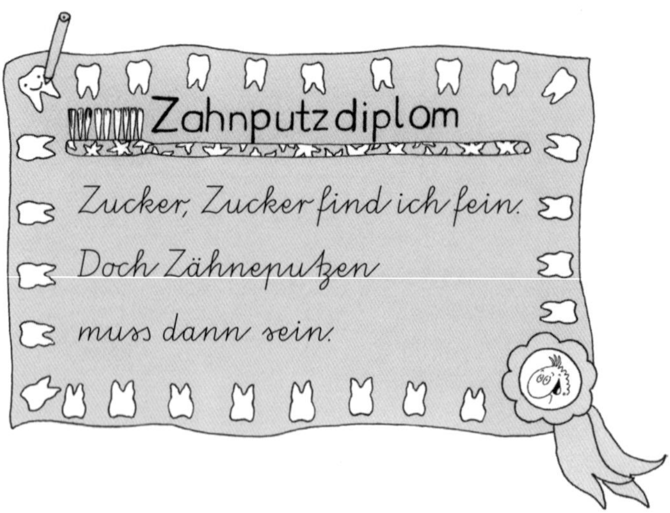

Qu
qu

Qu Qu

Quark

Quadrat

Quatsch

Quelle

Qualle

qu qu

quer

quaken

quieken

quasseln

bequem

alternativ S. 57

ß ß

ß ß

süß

heiß

heißen

groß

Fuß

Füße

süß

Verbinde richtig und schreibe die Sätze auf den Block.

Der Elefant	ist kalt.
Die Suppe	ist weiß.
Das Eis	ist süß.
Der Schnee	ist heiß.
Der Zucker	ist groß.

alternativ:

e

e e

e e

ein

eine

nein

neu

neun

Welcher Artikel passt: *ein* oder *eine*?

alternativ:

s s

ss

sie

sind

Klasse

Setze das Verb in die richtige Form.

ich lese | wir
lesen

ich | wir
malen

ich | wir
essen

ich | wir
müssen

alternativ:

t t

t

ist

laut

alt

Ente

Setze ein: *ist* oder *sind* ?

Fumi ______ ein kleiner Drache.

Auf der Insel ______ viele Tiere.

Der Affe ______ ein Freund.

Auch das Lama und das Kamel ______ da.

Fumi fragt: „Wo ______ meine Mama?“

Bilde passende Sätze.

Ich pflanze einen Baum.

Du

Er

Wir

Ihr

Sie

Ich sitze im Gras.

Du

Er

Wir

Ihr

Sie

Setze das Verb auch bei diesem Satz
in die richtige Form:
Ich zeige dir einen Käfer.

alternativ:

ß ß

süß

heiß

heißen

groß

Fuß

Füße

weiß

Verbinde richtig und schreibe die Sätze auf den Block.

Der Elefant	ist kalt.
Die Suppe	ist weiß.
Das Eis	ist süß.
Der Schnee	ist heiß.
Der Zucker	ist groß.

Das ist mein Lieblingsbuchstabe:

Das ist mein Lieblingswort:

Auch das kann ich schon schreiben: